香港國際詩歌之夜 2013
INTERNATIONAL POETRY NIGHTS IN HONG KONG

編輯 Editors

北島 Bei Dao

陳嘉恩 Shelby K. Y. Chan

方梓勳 Gilbert C. F. Fong

柯夏智 Lucas Klein

馬德松 Christopher Mattison

奧爾維多・加西亞・巴爾德斯
Olvido García Valdés

Levanta los ojos y pájaros, por azar,
cruzan el cielo y es del aire
su ausencia. *La luz que nos alivia*,
era de azar y noche
aquella claridad, un cantar que venía
sin música, porque era dentro
la música. Y breve. Se va viviendo
dentro de los ojos. Alarga
la polilla como un pavo
ceniza su abanico. *Anima 11*. Lo que fue
del amor, ojo y patitas. *Vio tesoros*
de luz, donde están la nieve
y el granizo y el rocío y la lluvia. Un vaso
de cristal, la penumbra en suspenso.
                                        Dime,
ven esta noche a mi sueño un instante,
ven que te oiga, con levísimas flores
madruga hasta mí por el silbido
de mirlo, ya que toda tu vida fue de estricta
(penosa, enferma) actividad, salvo estos años
(alma del corazón, cantares) últimos.

los animales se desplazan, el ratón,
por ejemplo, de lo alto a lo bajo,
por el parral de uvas y el celindo
hasta oquedades del murallón
de piedra,
                    sigiloso se mueve
sobre cabezas el de figura esbelta y larga
cola (y, donde hay uno, hay), el
morador primero junto a culebra y otros

en mi casa me escondo por si alguien
me quisiera ver que no me vea
me escondo ahora
que es diciembre con la luz
apagada
            (¿eres
tú quien llama a la desgracia?
—desgracia, ven—¿eres tú?)
hedor animal de la guarida
donde el frío donde
paredes y negra
de trapos

Por suerte la voz está educada,
es autónoma, preguntas y
respuestas de entonación pertinente
y vivaz. Lo que no es voz se repliega
y aguarda, a la espera de que el ruido
cese, de que vuelva el silencio.
Es física la voz,
la retirada—hormigas y
penumbra, acurrucado
daño—no es voz.

Han brotado las negras de la nada, de la
noche han venido golondrina y cucaracha,
la parda queratina y la encendida
han regresado con la prisa del sol,
con la alegría de marzo casi
cálida. Vuelan
y corren vivas las
negras y ligeras.

Acedía, cólera, puntas
del boomerang, de un ataque
que regresa a la carne, bajo

la uña a roer. Un sueño en contrapunto
propone otra sustancia,
desalojo de lo airado o inerme.
En el sueño se hallaba
y era yo no expresamente, no civilmente
línea negra, margen, y entonces
cálido colorcillo de alegría
sabrosa, luz del ojo. El poema iba
allí, adonde sin querer
llega dulzura, aporta
fuga o arrebato, humor amansa.

Entraron a recogerse desde el viento a la cálida
luz de las velas; es el amor amar
baba del rostro, es el amor amar
intransitivo. Qué ya blancos
cabellos, qué cerrada
mirada. Intransitiva
raíz, pero que fluye
como licuado el cuerpo fluye
del caracol sin movimiento
que alimenta a la quieta
luciérnaga, baba nutricia
para gusano

desde el frío
a la cálida.

¿Qué esperas, corazón? ¿qué quieres de mí?
¿Y aquel, Zenón de Elea, que se cortó la lengua
de un mordisco
y se la escupió al tirano?
El ángel bueno el ángel
malo dice: lo soportable lo
insoportable.
Quedan como la quietud
las tomó (¿a una señal de peligro?
¿en un instante preciso de la caída
de la luz? ¿por un trabajo o alambique
interior?), en un panal de rica miel.
Del otro acepto todo lo que no
insoportablemente me desagrada
lo acepto de corazón (¿quién puede aceptar
de corazón lo insoportable, casi
—eso que no se soporta—inhumano?).
    Lo que hay de único y que hace de alguien
        alguien
    no puede ser comunicado.
Algunas palabras hablan

de la actitud; tolerante es actitud
de quien puede, el otro
es tolerado. ¿Quién
eres tú?
El ángel bueno el ángel
malo dice: qué
ideología.
La historia de las mujeres muestra que la historia
ha sido tolerante con las mujeres (el peldaño
donde se desarrollaba su vida estaba
un peldaño por debajo del peldaño
donde se desarrollaba la vida de los hombres
de quienes ellas dependían). La protección
arrulla si no mata—¿será el amor?—.
El sol nos diluye nos destensa y repliega
como azucarillos nos disuelve nada
dulces, en el mar de calor nos deshacemos.

> Para que algo permanezca en la memoria tiene que
> haberse grabado a fuego; sólo lo que no cesa de
> *doler* permanece en la memoria.

Los grajos junto a las ovejas es
su interés el excremento verdes
transparentes alamillos.

La voz de la pérdida dice: qué raro no volver
a oír su voz.
Le parecían ángeles
aquellos pájaros en tránsito
garzas, martinetes y garzas
al pie de la charca y la laguna.

> Mejores son dos que uno; porque tienen mejor
> paga de su trabajo. Porque si cayeren, el uno
> levantará a su compañero. También si dos
> durmieren juntos, se calentarán; mas ¿cómo
> se calentará uno solo? Y si alguno prevaleciere
> contra el uno, dos estarán contra él; y cordón de
> tres dobleces no presto se rompe.

Perros merodean cerca
de un zorro, opaco
el mundo en su espesor
olores que identifican.

> No te des prisa con tu boca, ni tu corazón se
> apresure a proferir palabra delante de Dios;
> porque Dios
> está en el cielo, y tú sobre la tierra: por tanto,
> sean pocas tus palabras.

¿Qué sabes de lo verde, centinela,
verde de invierno, miedo?

Sin casi mantillo brota
pura luciérnaga o savia
hueco trasluz.

(Con la incorporación de fragmentos de Décio Pignatari, Nietzsche y el Ecclesiastés.)

抬起你的眼睛，碰巧有飛鳥
穿過天空，又將身影
交還給空氣。*撫慰我們的光*，
那明澈來自
偶然與夜晚，如同一首
沒有音樂的歌，因為它
就在音樂之中。它短促，但長存於
眼睛之中。一隻飛蛾
不斷伸展，就像羽毛上
沾滿了灰燼的火雞。《聖靈頌》第十一節。
隨愛而來的，是眼睛和小爪子。*在*
雪片、冰雹、露水和雨滴中
至尊之光閃現。一支
水晶的花瓶，半影懸浮。
　　　　　　　　　　　　告訴我，
今夜來我夢中駐留片刻，
來讓我聽到你，把黑鳥的低語聲中
最輕柔的花朵帶給我。你的一生
滿是坎坷（痛苦、沉屙），除了
最後這幾年（心靈、唱和）。

動物們總是跑來跑去，比方説
老鼠，上竄下跳地
爬過葡萄藤、山梅花的樹幹

直到溜進石牆根的
洞穴裡，
　　　　在人們的頭頂上
詭秘地移動著，它身形纖細，拖著
一條長長的尾巴（尾巴總與它相隨），
是它最早同蛇蠍之輩居住在一起。

我在家裡把自己藏了起來，為了讓
那些想要見我的人看不到我
我此刻把自己藏了起來
在燈火熄滅的
十二月
　　　（是你
在召喚不幸麼？
「不幸啊，來吧」，是你麼？）
動物的臭氣從洞穴中傳來
那冰冷的地方
朽牆與污黑雜碎
的所在

運氣不錯，那嗓音聽上去頗有教養，
它不卑不亢，問與答
都帶著中肯而活潑
的腔調。那並非嗓音的東西

撤回去觀望，等待
喧聲停止、安靜重臨。
嗓音是肉身的，
撤回去的——螞蟻、
半影、盤曲的傷——
並非嗓音。

從虛空中萌生出黑色，
燕子和蟑螂來自夜晚，
深褐的角質和灼燒感
與奔湧的陽光一道返回，
還有乍暖的三月的
歡愉。那些黑色的、
輕盈的東西都回來了，
一路撒歡。

胃灼熱，霍亂，飛去來器的
扇葉，返向肉身的一擊
藏在爪子底下的痛。對位的夢
有著另外的情形，
遠離了憤怒和束手無助。
在夢中所找到的
是一個不太明確、不存於現世的我，
黑色的線條，邊緣，而後是

色調溫暖的美味的歡樂，
眼睛裡的光。詩歌
漫無目的地去了那裡，
輕捷地抵達，帶去了
逃逸或是光耀，馴服著心境。

他們從風中來聚集到
溫暖的燭光下；愛著面頰上的唾液
就是愛，不及物地愛著
就是愛。那些白髮，
那緊閉的眼。不及物
的根，但身體
在像奶昔一樣流淌
從蝸牛殼中一動不動地流出，
滋養著寂靜的
螢火蟲，滋潤的唾液
足以讓蟲子從冰冷中
進入溫暖。

心呀，你在等什麼？你對我有什麼要求？
想讓我像埃利亞的芝諾，
咬掉自己的舌頭，
把它吐向暴君？

好天使壞天使
在說：忍著，
不要忍。

她們像是被安靜
所攫取，在滿是蜂蜜的
蜂巢中。（危險的信號？
在一個精確的瞬間
光線沉落？從工作
或是內在的寂靜中？）

至於其他，我接受
所有不至於令我反感到不能忍受的東西
我從心底接受（誰能從心底
接受不能忍受的東西，幾乎——
這個詞本身就不能忍受——非人的東西？）

　　那唯一的、那使得某人成為*某人*的，
　　是難以言傳的。

有一些和態度有關
的詞語：對可以做到的人
是容忍，做不到的

則是忍受。
你是哪一種人？

好天使壞天使
在說：這是
怎樣的念頭！

女人們的歷史顯示出歷史對女人們
是容忍的（她們的生活
所攀上的梯級總是在
她們所依賴的男人們的生活
所攀上的梯級
之下）「保護」只是在哄騙
如果沒有扼殺的話——那是愛嗎？

太陽溶解了我們緩和了我們而後消退，
我們像小糖塊，在灼熱的大海中
被溶解得毫無甜味。

　　為了將某物長存於記憶中
　　必須先把它燒掉；只有持續的疼痛
　　才能在記憶中永存。

烏鴉與羊群相伴

它們的興趣在於羊糞。
蔥郁、峭拔的楊樹。

消失的聲音在說：
再也聽不到這聲音是多麼詭異。

那些在路上的鳥兒
池塘和湖底的
白鷺、蒼鷺和白鷺，
看上去都像天使

> 兩個人過好於一個人過，因為兩人的勞作會有更多的回報。如果摔倒，會有伴侶攙扶。如果睡在一起，可以相互取暖。一個人怎麼可以為自己暖身？如果有人要對其中一個用強，兩人可以一起抵抗。三根線擰成的繩索不那麼容易扯斷。

狗群在一隻狐狸邊上
撒野，模糊、厚鈍的世界
散發著獨特的氣味

> 在上帝面前，不要急於開口，也不要急於在心中冒出什麼念頭；因為上帝在天上，而你在地

下：因此，請盡量少說話。

哨兵，你對綠色知道些什麼，
冬天裡的綠色，你害怕嗎？
從幾乎沒有土壤的
逆光的洞穴裡
飛出了螢火蟲或者元氣。

（本詩糅合了德西奧·皮格納塔里、尼采和《聖經》傳道書的片段）

（胡續冬譯）

譯註：

1. 「在雪片、冰雹、露水和雨滴中至尊之光閃現」一句，出自四世紀「偽經」《聖母升天》(*Transitus Mariae*)。
2. 德西奧·皮格納塔里(Décio Pignatari, 1927–2012)，巴西著名詩人，具體主義詩歌運動的發起人之一。

You raise your eyes and birds, by chance,
cross the sky and its absence
which comes from air. *The light that soothes us*,
that clarity came from chance
and the night, a singing that came
without music, because it was inside
the music. And brief. It went on living
inside those eyes. A moth
the color of ash spreads
wide, a turkey fantail. *Anima 11*. That which came
from love, an eye, and sweet, small paws. *Treasures*
of light, seen, where snow is,
and hailstones and dew and the rain. A crystal
glass, half-light unresolved.
Tell me,
come for an instant tonight to my dream,
come so I may hear you, with flowers raised
toward me at first light by the whistle
of the blackbird, your whole life
(pain, sickness) was hard, except for these last
(soul of the heart, the songs) years.

the animals are moving around, the mouse,
for instance, from up above to below,

through the grape arbor and the jasmine
toward hollows in the thick
stone wall,
                    stealth-moves
overhead, he with his slender body and long
tail (and, where there is one, there is), first
inhabitant together with the snake and others

in my house I hide myself in case someone
might want to see me that may not see me
I hide myself in the now
that is December with the light
put out
            (are you
the one who calls to misfortune?
—misfortune, come—is it you?)
animal stench from the lair
where cold where
walls and ragged
black chance

By chance the voice sounds educated,
independent, questions and
answers with pertinent

and lively intonation. What is not voice
pulls back, waits, expecting the noise
to stop, silence to return.
The voice is physical,
the withdrawal—ants and
half-light, damage
doubled up—is not voice.

Black, they have sprouted from nothing, swallow
and cockroach come from the night,
darkened keratin and burning,
back with the rush of sun,
with the joy of March, almost
warm. Black and airy,
they return
and run riot.

Melancholy, rage, tips
of the boomerang, from an attack
that reverts to flesh, beneath
the claw, the gnawing. A dream in counterpoint
suggests another level, removing
anger or the sense of being without defense.
In the dream, finding a self

and it wasn't specifically, rightfully me,
a black line, a margin, and then
a warm coloring of savory
joy, the eye's light. The poem went
there, where without wanting to,
it reaches a gentle place, fight
or flight, tames the humors.

To get out of the wind they came inside to warm
candlelight; it is love to love
spittle on the cheek, it is love to love
the intransitive. Already white
hair, what a closed
look. Intransitive
root, but that flows
as the body flows, liquid
from the snail without movement,
that nourishes the quiet
glowworm, sustenance
for the earthworm
from the cold
into the warm place.

What do you expect, heart? What do you want from
me?
To be like Zeno of Elea, who bit off his own tongue
in one bite
and spit it out at the tyrant?

The good angel bad
angel speaks: the bearable
the unbearable.

They look as if the quiet
captured them (a sign of danger?
how light falls at a given moment?
through a work or an internal
distillery?) in a comb of rich honey.

About what is other, I accept everything
that I do not unbearably dislike.
I accept it from the heart (who could accept
the unbearable in their heart—is that
what is unbearable—nearly inhuman?)

What makes someone *someone*,
unique, is impossible to communicate.

Some words talk
of attitude; tolerant attitude
for those who are able, the other
is tolerated. Who
are you?

The good angel bad
angel speaks: what
an ideology.

The history of women demonstrates that history
has been tolerant of women (the rung
where their lives evolved
was a rung below the rung
where the lives of the men
they depended upon evolved). Protection
soothes if it does not kill—is that love?

The sun dilutes us releases us and retreats
like sugar candies dissolves us not sweet
at all, in the heated sea we come undone.

A thing must be burnt in so that it stays in the

memory:
only something that continues to hurt stays in
the memory.

Crows next to sheep
their interest rests in excrement
young poplars transparent and green.

The voice of loss speaks: how strange not to hear
the voice again.

Those birds in transit,
egrets, herons, and egrets
at the bottom of the pool, the lagoon,
seemed to be angels.

> Two are better than one, because they have a good return for their labor: If either of them falls down, one can help the other up. Also, if two lie down together, they will keep warm. But how can one keep warm alone? Though one may be overpowered, two can defend themselves. A cord of three strands is not quickly broken.

Dogs prowl around
a fox, the world
opaque with thick
identifying odors.

> Do not be quick with your mouth, do not be
> hasty in your heart to utter anything before
> God. God is in heaven and you are on earth, so
> let your words be few.

What do you know about green, sentinel,
the green of winter, fear?
Pure firefly or sap
rise up almost without topsoil
hollow against the light.

(With the addition of fragments from Décio Pignatari, Nietzsche and Ecclesiastés.)

(Translated by Catherine Hammond)

Translator's Note:
The translation for the Pignatari fragment is my own. For the verses from Ecclesiastés, I have used the New International Version of the Bible; for the sentence from Friedrich Nietzsche's *The Genealogy of Morals*, I chose Carol Diethe's translation from Cambridge University Press, 2007.

詩奧爾維多・加西亞・巴爾德斯，詩人、散文作家、譯者，1950年12月2日生於西班牙阿斯圖里亞斯，先後在巴里亞多利德大學攻讀哲學，以及在奧維埃多大學學習羅曼語族語言文學，現定居於西班牙托萊多。

除了最新一本詩集《動物獨奏》(2012)之外，巴爾德斯的其他所有詩集都彙編進了《在我面前盤旋的這隻飛蛾：1982–2008作品全集》之中。她將意大利導演、詩人皮埃爾・保羅・帕佐里尼的詩集譯成了西班牙語，並與人合譯了俄國女詩人安娜・阿赫瑪托娃和瑪琳娜・茨維塔耶娃的選集。巴爾德斯也是16世紀西班牙神秘主義者亞維拉的德蘭（又譯聖特蕾莎）的傳記作者，並撰有大量的藝術與文學批評文章。她是文學雜誌《對開本》和《麻雀的蹤跡》的編輯。她的詩歌已被翻譯為多種外語。她獲得了很多文學獎項，其中包括2007年因詩集《我們都活著》而獲得的西班牙國家詩歌獎。

Poet, essayist and translator, **Olvido García Valdés** was born on December 2, 1950 in Asturias, Spain. She holds degrees in philosophy from the University of Valladolid, and Romance philology from the University of Oviedo. She resides in Toledo, Spain.

Her poetry collections, except for her most recent *Lo solo del animal* (2012), have been published together in one volume titled *Esa polilla que delante de mí revolotea* (*Poesía reunida 1982–2008*). She has translated into Spanish Pier Paolo Pasolini's poetry books, and in collaboration a wide anthology of Anna Akhmatova and Marina Tsvetaeva. She is also author of the biographical essay *Teresa de Jesús*, texts for art catalogs and numerous works of literary reflection. She was co-editor of the literary magazines *Los Infolios* and *El signo del gorrión*. Her poetry has been translated into many languages. Among other awards, in 2007 she was awarded the Premio Nacional de Poesía (National Poetry Prize) for her collection *Y todos estábamos vivos* (*And We Were All Alive*).

出版 Publisher
香港中文大學出版社 The Chinese University Press

封面影像 Cover Image
北島 Bei Dao

出版日期 Date of Publication
二零一三年十一月 November 2013

國際書號 ISBN
978-962-996-622-5

香港國際詩歌之夜 2013 International Poetry Nights in Hong Kong 2013
主辦單位 Organizers
香港中文大學文學院 Faculty of Arts, The Chinese University of Hong Kong
香港浸會大學文學院 Faculty of Arts, Hong Kong Baptist University
香港科技大學人文社會科學學院 School of Humanities and Social Science, The Hong Kong University of Science and Technology

合作夥伴 In Partnership With
英國文化協會 British Council

協辦單位 Co-organizers
時刻文化 Moment Communications
香港中文大學出版社 The Chinese University Press

贊助 Sponsors
香港兆基創意書院 HKICC Lee Shau Kee School of Creativity
中國會 The China Club
周凱旋基金會 Chau Hoi Shuen Foundation

Printed in Hong Kong